图说世界历史
走进中世纪

［英］莎拉·麦克尼尔◎著

张焕新◎译

哈尔滨出版社

黑版贸审字08-2016-078号

图书在版编目(CIP)数据

走进中世纪/(英)莎拉·麦克尼尔著;张焕新译. —哈尔滨:哈尔滨出版社,2019.10

(图说世界历史)

书名原文:Investigate and Understand the Middle Ages

ISBN 978-7-5484-3156-5

Ⅰ.①走… Ⅱ.①莎… ②张… Ⅲ.①世界史-中世纪史-青少年读物 Ⅳ.①K13-49

中国版本图书馆CIP数据核字(2017)第037517号

© 2016 Brown Bear Books Ltd
BROWN BEAR BOOKS A Brown Bear Book
Devised and produced by Brown Bear Books Ltd
Unit 1/D, Leroy House, 436 Essex Road, London N1 3QP, United Kingdom
The simplified Chinese translation rights is arranged through Rightol Media.
本书中文简体版权经由锐拓传媒取得(copyright@rightol.com)。

书　　名:	走进中世纪
	ZUOJIN ZHONGSHIJI
作　　者:	[英]莎拉·麦克尼尔 著
译　　者:	张焕新
责任编辑:	杨泾新　曹雪娇
责任审校:	李　战
封面设计:	上尚装帧设计

出版发行: 哈尔滨出版社(Harbin Publishing House)
社　　址: 哈尔滨市松北区世坤路738号9号楼
邮　　编: 150028
经　　销: 全国新华书店
印　　刷: 深圳当纳利印刷有限公司
网　　址: www.hrbcbs.com　www.mifengniao.com
E-mail: hrbcbs@yeah.net
编辑版权热线: (0451)87900271　87900272
销售热线: (0451)87900202　87900203
邮购热线: 4006900345　(0451)87900256

开　　本: 787 mm×980mm 1/16 印张: 3 字数: 72千字
版　　次: 2019年10月第1版
印　　次: 2019年10月第1次印刷
书　　号: ISBN 978-7-5484-3156-5
定　　价: 30.00元

凡购本社图书发现印装错误,请与本社印制部联系调换。

服务热线: (0451)87900278

目录

简介	6	城镇和工艺	30
侵略的时代	8	贸易	32
封建制度	10	旅行和探索	34
宗教	12	娱乐与宗教节日	36
骑士	14	家庭与家人	38
城堡	16	食物及饮品	40
战争	18	变迁及发现	42
隐修院的生活	20	大事年表	44
艺术和建筑	22	参考书目	44
知识与学问	24	参考网站	45
农民	26	词汇表	46
乡村生活	28	索引	48

简介

中世纪大约持续了1000年。尽管历史学家并不认同这一数据，但我们普遍认为，中世纪始于公元476年，也就是西罗马最后一位皇帝退出政治舞台的时候，结束于公元1400—1450年之间的某个时期，我们将这一历史时期称为"中世纪"。在社会生活的很多方面，中世纪的生活方式一直影响到今天。

古老的欧洲大陆遍布着中世纪的印记。很多城镇和村庄始建于中世纪。教堂建筑向我们展示了中世纪人们所掌握的高超的艺术以及建筑技术，同时我们也可以感受到中世纪人们对上帝的虔诚信仰。城堡向我们诠释出中世纪贵族的权力和荣耀。中世纪的农民开垦林地种植农作物，通过自己辛勤的劳作塑造出大自然的美丽风景。同时，一些现代政治集团诸如法国、英格兰以及苏格兰等也已经形成雏形。

了解更多

亲爱的小读者，你可以在世界各地的博物馆里找到本书中所提到的中世纪的图片和物品。

怎样使用这本书

这本书向我们展示了中世纪时期人们的生活，每一页都侧重于中世纪时期人们生活的一个方面，向我们呈现出伟大的中世纪文明的迷人图景。

介绍

本书简单、详尽，读者可以了解每一个标题下的内容。对于某些特定的内容，本书还附加了更为详细的补充说明。

嵌入图

本书为了更详尽地解释某些内容，专门嵌入了相关图片，并解释了这些内容的重要性。

亮点

每一页的下方还有一些插图和介绍，目的是鼓励读者小朋友找到那些博物馆中的中世纪藏品。

城堡

城堡属于国王、贵族和骑士这要的人。一座城堡代表着城堡的主在战争时期还是在和平时期都具有上的权力。城堡既是家园房宅，又要塞。城堡能够抵御敌人的袭击。城堡建于9世纪和10世纪，是用土和材等材料建造的。随着全新的作战出现，城堡的设计也在逐步改变，这种变化。

城寨城堡
城寨城堡建于11世纪和12世纪。城堡外庭将里面的建筑包围起来。护堤高地是一个上面有木塔的土堆。

城堡外庭

看这里
螺旋楼梯
螺旋楼梯是沿着顺时针方向盘旋而上的，当一个惯用右手的敌人打进来的时候，如果用剑，剑就会碰撞到石墙上。

16

标题

标题位于每页左上角，从标题就会知道这部分的主要内容。

细节

从气势恢宏的教堂建筑到贵族及普通农民的日常生活，细节信息这一板块向我们展示出人们在中世纪时期的生活图景。

插图

本书附有精美的全彩插图，生动地展现了中世纪文明，使叙述更加直观。

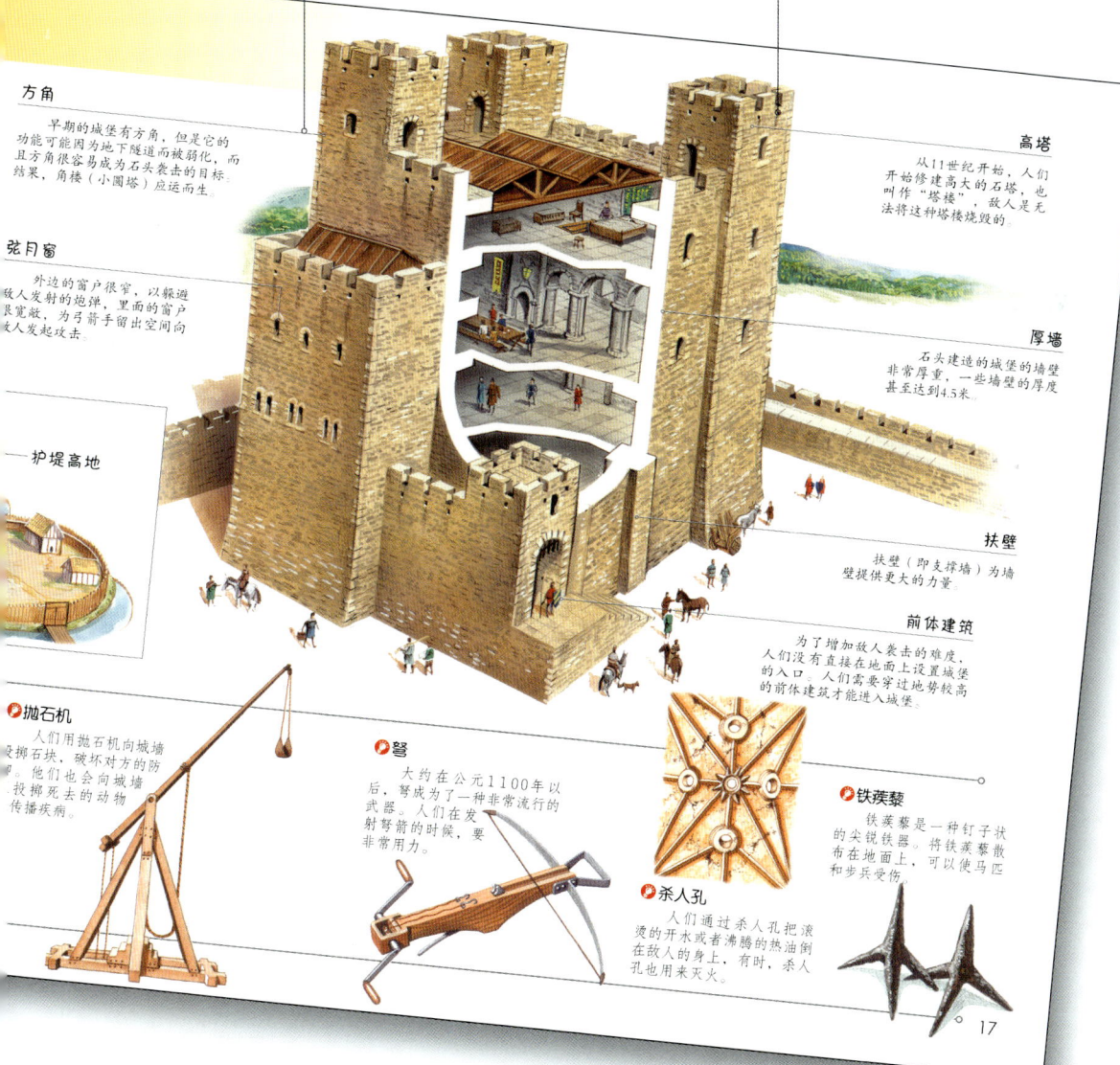

方角

早期的城堡有方角，但是它的功能可能因为地下隧道而被弱化，而且方角很容易成为石头袭击的目标。结果，角楼（小圆塔）应运而生。

弦月窗

外边的窗户很窄，以躲避敌人发射的炮弹，里面的窗户很宽敞，为弓箭手留出空间向敌人发起攻击。

护堤高地

抛石机

人们用抛石机向城墙及掷石块，破坏对方的防。他们也会向城墙投掷死去的动物传播疾病。

弩

大约在公元1100年以后，弩成为了一种非常流行的武器。人们在发射弩箭的时候，要非常用力。

杀人孔

人们通过杀人孔把滚烫的开水或者沸腾的热油倒在敌人的身上，有时，杀人孔也用来灭火。

高塔

从11世纪开始，人们开始修建高大的石塔，也叫作"塔楼"，敌人是无法将这种塔楼烧毁的。

厚墙

石头建造的城堡的墙壁非常厚重，一些墙壁的厚度甚至达到4.5米。

扶壁

扶壁（即支撑墙）为墙壁提供更大的力量。

前体建筑

为了增加敌人袭击的难度，人们没有直接在地面上设置城堡的入口。人们需要穿过地势较高的前体建筑才能进入城堡。

铁蒺藜

铁蒺藜是一种钉子状的尖锐铁器，将铁蒺藜散布在地面上，可以使马匹和步兵受伤。

17

7

侵略的时代

中世纪始于动乱的时代，西罗马帝国逐渐走向衰亡，一个又一个的外来部落向其发起攻击。汪达尔人侵略西班牙和非洲；朱特人、盎格鲁人、撒克逊人侵略了英格兰；哥特人侵略了意大利和法国。罗马人将这些入侵者称为"野蛮人"。这些入侵者好战尚武，他们的领导者都是战争中的英雄。他们建立了属于自己的王国，争夺土地和权力。

在经历了公元三、四、五世纪的入侵之后，欧洲大陆大约在公元800年之后又遭受了另一波疯狂侵略。三个新的好战民族侵略了欧洲：北部的维京人、南部的阿拉伯人以及东部的马扎尔人。罗马文化最终走向终结，取而代之的是一种叫作封建主义的新文化。

吃水线
维京船呈狭长状，船身刻有吃水线(吃水线指船身底部到水面线的距离)。维京人可以驾驶船只向上游航行到很远的地方。

低侧
维京人设计的船只两侧比较低，这样便于使用船桨，但通常情况下船只都是顺风而行，几乎不用船桨。

造船工

维京人的造船技艺精湛，他们建造战舰、商船和渔船。维京人是欧洲北部第一批在造船中使用船帆和船桨的民族。

看这里

头盔
士兵以及首领死后和他们的武器一同埋入地下，武器是他们最值钱的物品了。图中的这件头盔是人们在英国的萨顿胡埋葬区找到的。

汪达尔人的拼接图案
这个拼接图案中的人物是汪达尔人，他们是入侵罗马帝国的部落之一。

步兵
正如图中所示，盎格鲁人和撒克逊人入侵英格兰时，他们与罗马人步战厮杀。

船首

维京船的船头通常刻有图案并配有装饰。兽首和人头是当时很流行的装饰图案。

维京人的船只构造

船首是由一个整块的木头雕刻而成，船身由一层层的木板搭建而成。

1. 首先将船的主干（龙骨）放置好。

2. 然后将一排重叠摆放的木板牢牢固定在一起，形成船身。

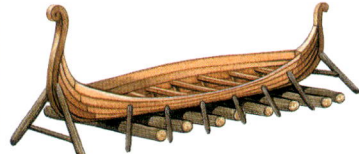

3. 将交叉的梁柱和船板牢牢固定在船身上。

4. 最后再放上甲板和桅杆。

以木材为建筑材料

造船工匠使用斧头、锯以及锛子等简单工具造船。为了制作船头精美复杂的雕刻图案，造船工匠使用凿子、锉刀以及圆凿等工具。

🐾 国王以及议会

图中的盎格鲁-撒克逊壁画描绘了国王与议会大臣们商议国事的场景。当入侵部落定居下来以后，他们的首领就成为了国王，士兵们成为了贵族，一部分贵族组成议会，为国王谏言。

🐾 宝藏

图中的金扣环是公元4世纪被埋入地下的宝藏的一部分。军事统领把从敌人那里虏获的贵重的战利品奖励给一同征战的士兵们。珠宝、金子、银子以及武器都是十分重要的战利品。

9

封建制度

我们经常用"封建制度"一词来描述中世纪的生活方式。在一个封建国家里,国王(之所以说是国王,是因为那时候有统治权的王后很少)拥有的权力不大,还不能完全独立统治国家。那个时期,土地的所有权是很重要的。国王需要来自全国各地的拥护者的帮助,因此,凡是承诺拥护国王的领主,比如为国王冲锋陷阵,都可以从国王那里获得土地。同样,那些领主也会把他们的土地相应地分给手下的人。

那些接受国王土地并承诺拥护国王的人被称为"封臣"。这个时期的穷人为了得到土地,会答应做农活或上缴租金。

争吵

当农民之间发生争吵时,他们会去找庄园法庭的领主评判。

佃农

当领主召唤佃农时,佃农要予以遵从,来到法庭,充当法律案件中的证人,还要做好领主交给他们的其他任务。

看这里

《末日审判书》

《末日审判书》是1086年英王威廉一世〔征服者〕下令编制的全国土地调查清册,它记载了几乎全国所有土地的情况。并且,从中能够发现,自从1066年英格兰被征服以后,威廉一世〔征服者〕把大片土地拱手让给了法国北部的诺曼人。

王座

王座是权力的象征。国王、贵族以及地位显赫的人可以坐上王座,其他人就只能站着。

依法占有

一般情况下,当领主允许佃农持有土地时,要举行一个特殊的仪式。仪式中,佃农会获得一块代表着土地的土块,这被称为"土地依法占有授予仪式"。

庄园主

一个庄园(即国家的一处地产)的所有者被称为"庄园主"。庄园主有权力为他的佃农开庭。

查理大帝

这尊神圣罗马帝国的查理大帝(742—814)的铜像现位于巴黎的罗浮宫博物馆。查理大帝把土地分封给他的封臣,期望他们可以在军力上提供支持。

《大宪章》

在1215年,英王约翰〔无地王〕签署了《大宪章》。它规定国王必须要遵守土地法,该宪章保护了与国王意见存在分歧的贵族的权利。

宗教

在中世纪初，大多数人信奉异教。异教认为上帝存在于自然界的事物中，如太阳、树木等。在中世纪时期，异教逐渐消失，取而代之的是三大主流宗教：基督教、犹太教（信徒被称为"犹太教徒"）和伊斯兰教（信徒被称为"穆斯林"），三教都是一神教。

基督教是欧洲的主要宗教，来自圣地的犹太教远播至欧洲的许多地方，伊斯兰教于7世纪兴起于阿拉伯半岛。许多战争都以宗教的名义打响，最著名的就是十字军东征，该战争于1096年爆发，持续了近200年。

皇家王室信徒
如果统治者是基督徒，那么他的子民也会成为基督徒。

看这里

圣像画
在东欧，修士们在小木板上绘制耶稣、马利亚或者其他圣徒的精美的画像，这些画像被称为"圣像画"。

石质十字架
像这样精雕细琢的十字架通常竖立在传教士第一次传播基督教教义的地方。随后在十字架附近可能就会建立一座教堂。

神圣的橡树

异教徒膜拜太阳、河流和树木中的上帝。他们相信灵魂寄托于泉水和井水之中。

基督教传教士

许多传教士都是修士。597年，一个名叫奥古斯丁的修士将基督教传播到了英格兰。

布道

传教士走遍全国，宣讲《圣经》中的基督教教义。

◉ 耶灵石

在丹麦的耶灵，10世纪时，有一个丹麦国王让他的子民全部成为了基督徒。为了庆祝这一盛事，国王专门树立了这块精雕细琢的石碑。

◉ 伊斯兰教的祈祷念珠

从中世纪起，穆斯林开始使用这样的祈祷念珠做祷告。

◉ 伊斯兰教的艺术

人们在这一时期创建了非常美观的膜拜场所。伊斯兰教的艺术家们设计出了精美的几何图案。他们尤其精于书法——一种书写艺术。

13

骑士

骑士是中世纪最重要的士兵。起初，骑士就是随从，但是大约在公元800年以后，大部分西欧的骑士开始骑着骁勇的战马打仗。很快，骑在马背上打仗的作战方式传到了欧洲其他各地。

只有富有的男人才可以成为骑士，因为他们养得起昂贵的战马。当一个男人成为骑士的时候，他会被封号，或者领主用剑轻轻触碰他的肩膀，再将这把剑赐给他。

金属铠甲

大约在公元1400年以后，骑士们身穿整套铠甲。铠甲由钢铁制成，被称为"金属铠甲"。

女士

骑士联赛（即骑士之间的竞赛）从11世纪起非常流行。许多贵妇人前来观看。一些骑士发誓效忠于某一位贵妇人。

看这里

靴刺

为了让战马听命于主人，要对战马进行特殊训练。而骑士为了能够控制战马，会穿上这样的靴刺，靴刺位于骑士的鞋后跟。靴刺猛地一戳，战马就会前进。

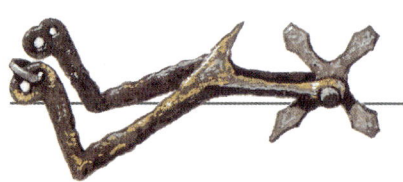

锁子甲

骑士需要铠甲的保护。最早的铠甲是由锁子甲制成的。锁子甲是由小铁环串联在一起制成的及膝的长衣。

长矛

长矛是一根由木头制成的长杆，如果它受到强烈的敲击，就会断裂。

纹章

骑士的盾牌上绘有不同的图案，这些图案可以帮助骑士在战场上判断对方是敌是友，这些图案叫作"纹章"。

鸢尾花形的纹章

十字架形的纹章

斜线形的纹章

有三角形副章的纹章

剑

剑是骑士主要的武器。大约到公元1250年，大多数的剑都有双面刀片和圆形剑头，就像图片上的这把剑。后来剑才有了可用于戳刺的尖头。

戒指

女士会给骑士一个像这样的戒指，表示她的爱慕之情。

黄铜纪念牌

骑士的坟墓里通常有一个这样的黄铜牌，镌刻着身穿铠甲的骑士的形象。

15

城堡

城堡属于国王、贵族和骑士这些最重要的人。一座城堡代表着城堡的主人无论在战争时期还是在和平时期都具有至高无上的权力。城堡既是家园房宅，又是军事要塞。城堡能够抵御敌人的袭击。最早的城堡建于9世纪和10世纪，是用土坯、木材等材料建造的。随着全新的作战方式的出现，城堡的设计也在逐步改变，以适应这种变化。

方角

早期的城堡有方角，但是它的功能可能因为地下隧道而被弱化，而且方角很容易成为石头袭击的目标。结果，角楼（小圆塔）应运而生。

弦月窗

外边的窗户很窄，以躲避敌人发射的炮弹，里面的窗户很宽敞，为弓箭手留出空间向敌人发起攻击。

城寨城堡

城寨城堡建于11世纪和12世纪。城堡外庭将里面的建筑包围起来。护堤高地是一个上面有木塔的土堆。

- 护堤高地
- 城堡外庭

看这里

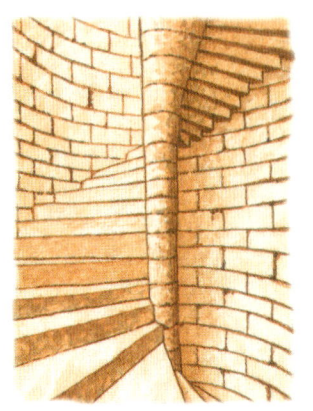

螺旋楼梯

螺旋楼梯是沿着顺时针方向盘旋而上的，当一个惯用右手的敌人打进来的时候，如果用剑，剑就会碰撞到石墙上。

抛石机

人们用抛石机向城墙投掷石块，破坏对方的防御。他们也会向城墙里投掷死去的动物来传播疾病。

16

高塔

从11世纪开始，人们开始修建高大的石塔，也叫作"塔楼"，敌人是无法将这种塔楼烧毁的。

厚墙

石头建造的城堡的墙壁非常厚重，一些墙壁的厚度甚至达到4.5米。

扶壁

扶壁（即支撑墙）为墙壁提供更大的力量。

前体建筑

为了增加敌人袭击的难度，人们没有直接在地面上设置城堡的入口。人们需要穿过地势较高的前体建筑才能进入城堡。

弩

大约在公元1100年以后，弩成为了一种非常流行的武器。人们在发射弩箭的时候，要非常用力。

杀人孔

人们通过杀人孔把滚烫的开水或者沸腾的热油倒在敌人的身上，有时，杀人孔也用来灭火。

铁蒺藜

铁蒺藜是一种钉子状的尖锐铁器。将铁蒺藜散布在地面上，可以使马匹和步兵受伤。

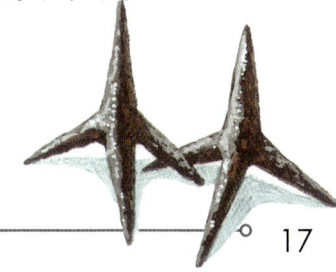

战争

中世纪战争的目的是要从敌人手中赢得土地、城镇和城堡。包围城堡和城镇是一种重要的作战方式。在包围战中,敌人摧毁城墙,进入城内,或者围困城镇,不给人们食物,直到他们投降。在十字军东征的时候,欧洲人从阿拉伯人那里学到了许多包围战的战术。

一些战争持续了很长一段时间,比如英法之间的百年战争(1337—1453)。在这场战争中,长弓手变得尤为重要。战争要遵循一系列规定,这些规定被称为"骑士信条"。其中一条规定提出,允许保释重要战俘(得到赎金后释放),而不是杀掉他们。然而事实上,人们总是忽略这些规定。

诺曼人

诺曼人来自法国北部,他们骑在马背上使用箭和长矛作战。他们头戴头盔,身穿铠甲,手持风筝状的盾牌保护自己。

撒克逊人

撒克逊是日耳曼的一个部落。他们骑马开战,步战厮杀。他们主要的武器是矛、狼牙棒和战斧。

看这里

旗帜

巴约壁毯向我们展示了许多关于1066年哈斯丁战役的士兵和武器的情况。士兵拿着挂着长方形旗帜的长矛和长枪(如图)。旗帜代表着高级别。

行李搬运车

战争会花很多钱,需要做很多准备。从巴约壁毯中我们可以看到,诺曼人用行李搬运车装载铠甲、武器、战马,甚至是组装式城堡。

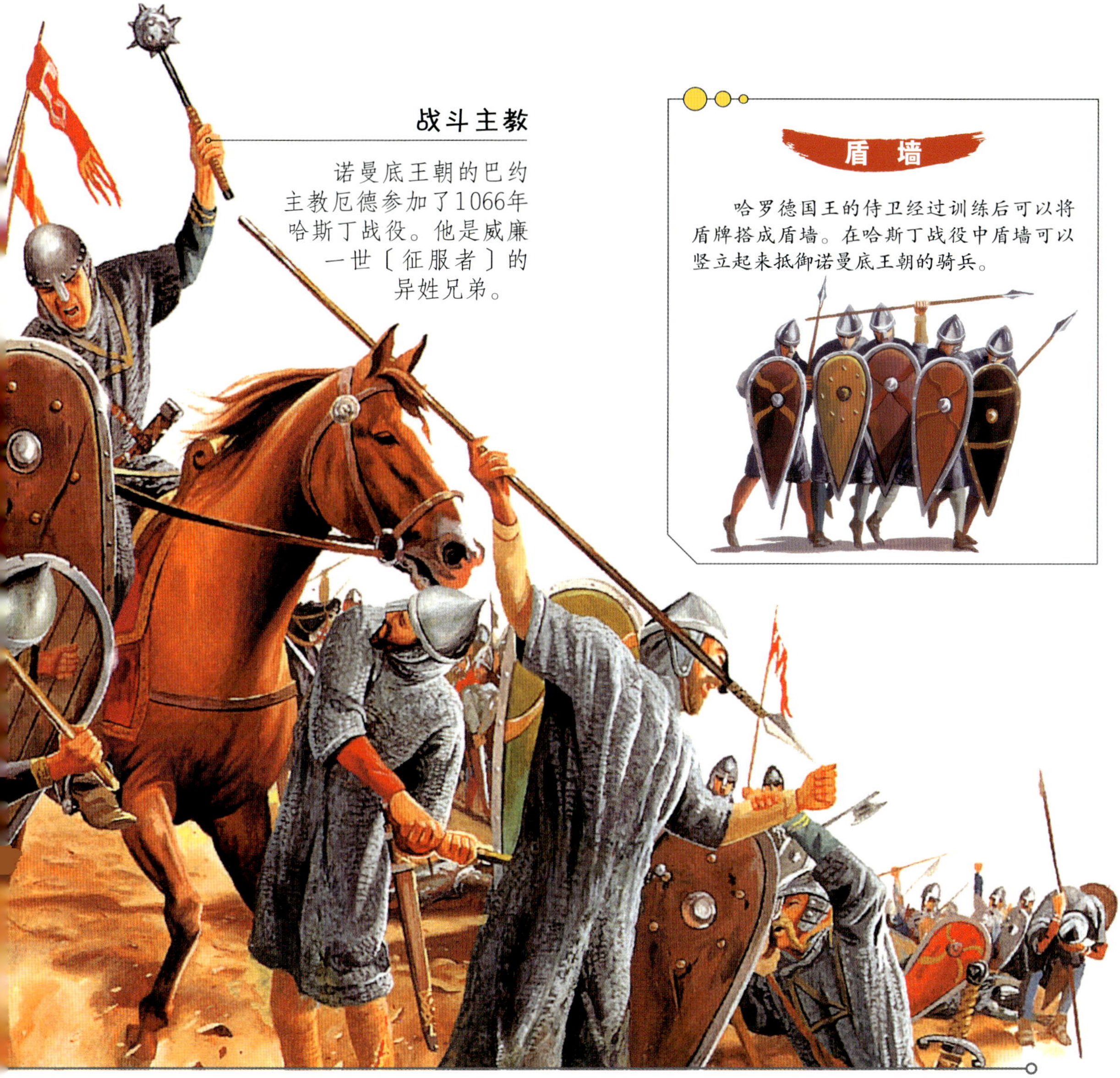

战斗主教

诺曼底王朝的巴约主教厄德参加了1066年哈斯丁战役。他是威廉一世〔征服者〕的异姓兄弟。

盾墙

哈罗德国王的侍卫经过训练后可以将盾牌搭成盾墙。在哈斯丁战役中盾墙可以竖立起来抵御诺曼底王朝的骑兵。

马镫

当士兵在马背上作战时，尤其是用长矛作战的时候，踏着马镫可以帮助士兵保持平衡。

狼牙棒

狼牙棒是贵族使用的武器。在14世纪，狼牙棒很流行，因为即使敌人穿着金属铠甲，狼牙棒也可以打伤敌人。

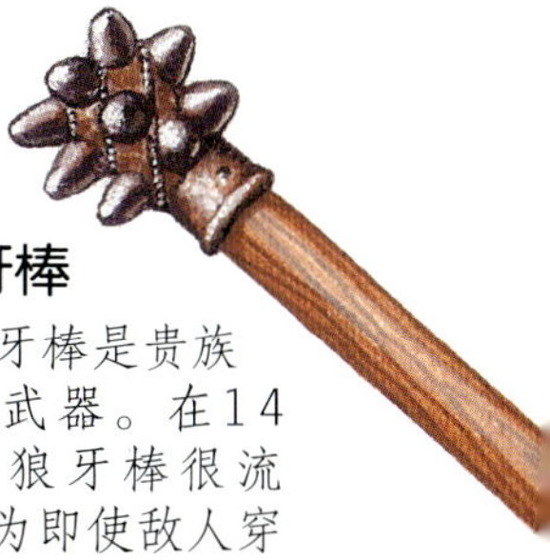

趁乱打劫

我们可以从很多中世纪的图案中看到，士兵打劫他们的敌人。他们带走了铠甲、武器，还有绵羊和牛。在百年战争中，一些士兵就是用这样的方式发了财。

隐修院的生活

修士和修女为上帝奉献一生。他们各自生活在同性别的隐修院里，发誓清贫、顺从、不婚。修士和修女有不同的划分，如本笃会、西多会和加尔都西会，但是他们的生活方式都是相似的。在英国的里沃兹和法国的卡昂，我们仍然可以看到著名的隐修院建筑。

隐修院的生活在3世纪始于埃及，它很快受到广泛欢迎。本笃（约480—约550）创立了一套隐修院生活的模式，将白天与黑夜划分为工作的时间与祷告的时间。现今的隐修院仍在使用本笃的日常时间表。

客房
隐修院有接纳游客的义务，还要为他们提供夜晚留宿的床铺。

教堂
在隐修院的教堂，服务与祷告日日夜夜都在进行。

看这里

削发
修士要把头发剪掉，这种发型也被称为"秃顶"。这张图片向我们展示了英国修士古思拉克（673—714）正在接受剃度削发。

研钵及研杵
人们用研钵和研杵捣烂药草制作药剂。修士和修女擅长草药疗法。

圣杯
对于修士和修女而言，祷告和礼拜是生活中最重要的部分。在一个叫弥撒的宗教仪式上，他们会使用一个特殊的杯子或者像这样的一个圣杯。

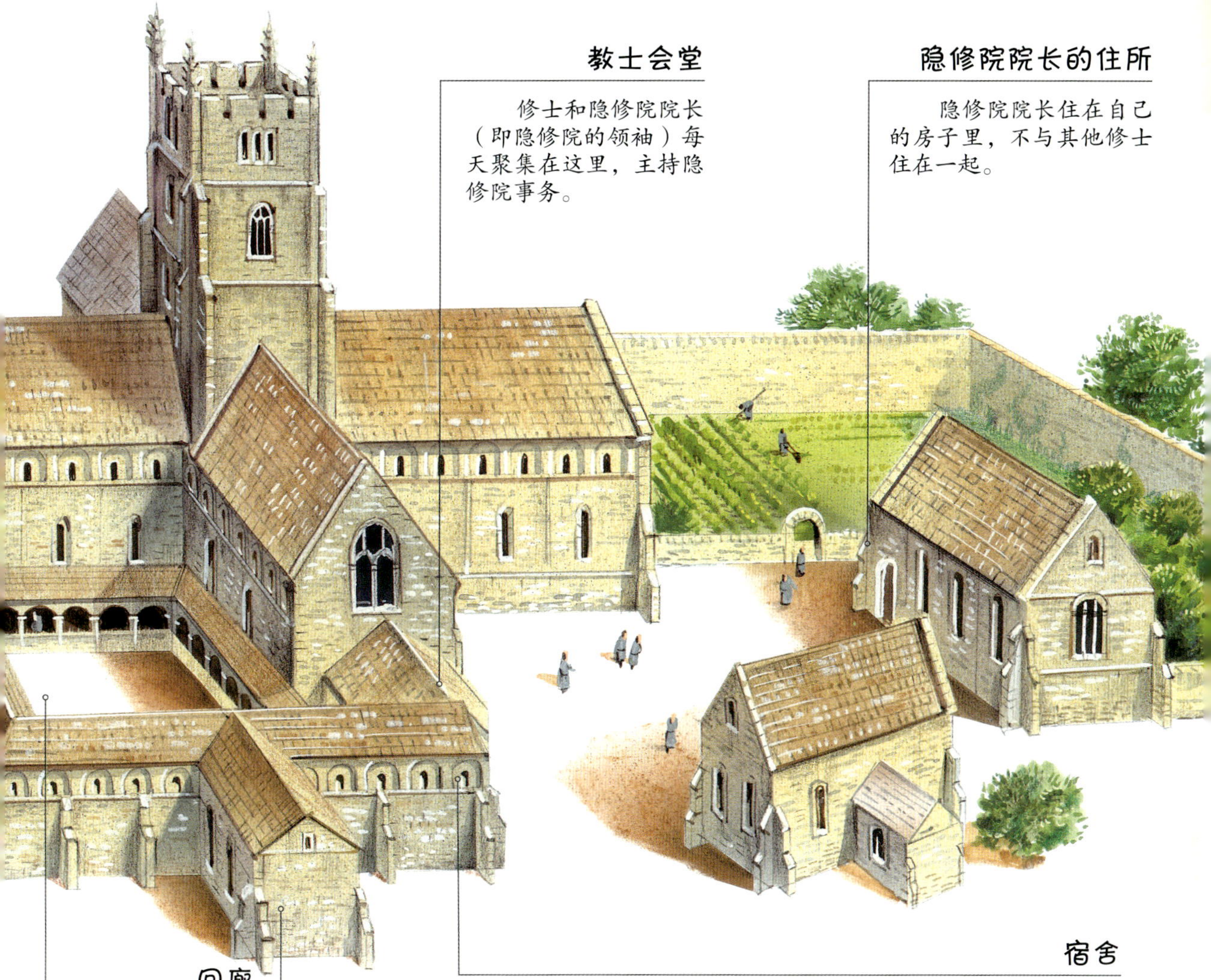

教士会堂
修士和隐修院院长（即隐修院的领袖）每天聚集在这里，主持隐修院事务。

隐修院院长的住所
隐修院院长住在自己的房子里，不与其他修士住在一起。

回廊
修士可以在这里散步、写字、读书和祷告。

食堂
这里是修士吃饭的地方。他们吃饭的时候通常都保持安静，沉默不语。

宿舍
修士通常在宿舍睡觉。这些宿舍很大、无遮蔽、无陈设、无供暖。

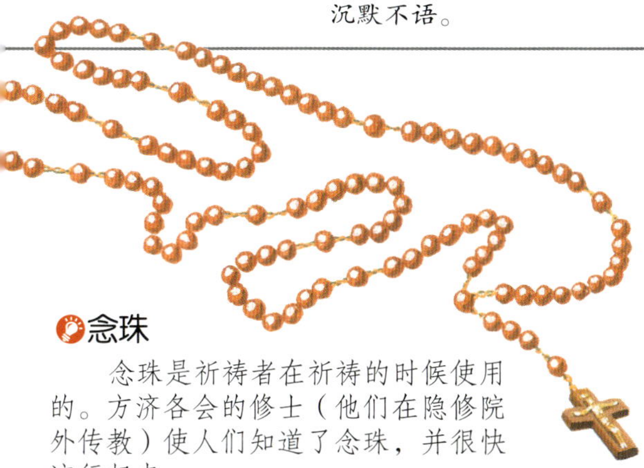

念珠
念珠是祈祷者在祈祷的时候使用的。方济各会的修士（他们在隐修院外传教）使人们知道了念珠，并很快流行起来。

可折合座板椅
可折合座板椅是隐修院教堂中铰链式可翻起的座椅，通常在下面装饰这种图案。修士和修女如果服务的时间很长，他们就靠在这种可折合座板椅上。可折合座板椅意味着宽容和仁慈。

21

艺术和建筑

在中世纪，创造艺术和建筑的能力被认为是一项实用技能。正如今天一样，艺术家的作品不仅供观赏，还要有使用价值。大多数的艺术和建筑是为教堂而生的，以帮助人们祷告和了解上帝，或者是为了装饰国王和贵族的家园，使其更加奢华和舒适。

对教堂而言，画师主要是在墙壁上绘制圣经故事；珠宝匠和金匠制作圣杯、神龛和圣物箱；雕刻家雕刻天使和圣人的雕像；建筑师建造教堂和大教堂。而艺术家和手工艺者要为贵族制作壁毯装饰（挂在墙上防止透风）、餐具、珠宝以及装饰精美的衣柜和橱柜。

用石头建造

独轮手推车是中国人在三世纪的时候发明的，随后传到了欧洲。踏车也可将石头举起，人们在里面踩踏，车轮就会转动起来。

建造大教堂

人们普遍认为建造华丽的大教堂是一种赞美上帝的方式。

看这里

彩色玻璃

人们为教堂制作颜色鲜艳的玻璃窗。在法国的沙特尔大教堂，我们可以看到保存完好的12世纪的彩色玻璃窗。

雕刻

教堂里的雕像不仅仅是装饰，它们也是用来给那些不识字的老百姓讲授圣经故事的。这个雕像展现的是耶稣死后复活，出现在他的朋友面前的场景。

较薄的墙壁

在公元1150年后,哥特建筑变得十分重要。哥特建筑与早期罗马风建筑最大的不同在于教堂的墙壁更薄了,这是新建筑技术的结果。

飞拱

飞拱支撑着整栋建筑的重量,是哥特建筑的主要特点,因此,墙壁更薄,窗户更大。

砂浆

砂浆由沙子和石灰制成。人们用瓦刀将砂浆抹在石头上,类似于今天的使用方式。

石匠的标记

一般情况下,石匠会在自己雕刻的石件上刻上标记,这是因为他们通常是按照工作量获得酬劳的。

工具

泥瓦匠和雕刻家使用的工具与我们今天使用的工具类似,比如锤子、凿子、斧头、锯、直角尺、打孔器和半圆凿。

罗马风建筑

基于古罗马风格的罗马风建筑可以追溯到中世纪初期。这一时期建造的教堂,如英国的杜伦大教堂,有很厚的墙壁和用来支撑拱形圆顶的巨大支柱。

23

知识与学问

在中世纪时期很少有人能够阅读或写字，一些商人自学算数，学着记账；贵族家庭的孩子们在家里学习阅读。只有那些在教堂为上帝服务的最优秀的男人和女人才能担当老师，比如修女、神父、修士、主教和隐修院院长，他们是最好的老师。他们学习拉丁语，因为《圣经》、教堂服务活动和政府公务文件用的都是拉丁文。

学校建在隐修院和大教堂里，在巴黎和牛津地区还建有许多大学。那时，宗教研究是最重要的科目，可是，人们已经开始对法律和医学产生了浓厚的兴趣。

藏经楼

隐修院专门为收藏典籍而划出的一部分区域被称为"藏经楼"。

羽管笔

由鸟的羽毛做成的笔。鹅和天鹅的羽毛最佳。因为笔尖会磨损，所以需要用笔刀削尖。

1. 一只鸟的羽毛。
2. 剥离不需要的物质，把尖儿弯成一个角度，就形成了笔尖。

看这里

色彩

在手稿中，大写字母有很特别的装饰。人们通常会用上好的金箔以及从植物的汁液中提取出来的颜色来装饰。

宪章和印章

宪章是官方文件。它们记录着土地津贴、城镇建设和法律案件的决定等重大事件。印章能够证明宪章不是伪造的。

彩色稿本

中世纪的书中配有漂亮的彩色图片，它们之所以被称为"彩色稿本"，是因为它们看上去绚丽夺目而且还是手写的。

羊皮纸

人们在由动物皮毛制成的羊皮纸上书写文件。

书籍

一方面，书籍是手写的，另一方面，很少有人会写字，所以书非常稀有。人们很珍爱书籍。大部分的书籍是由修士所写，内容是关于宗教的。

福音书

图中所示的是一本福音书的一页，这本福音书是在大约公元700年，在英吉利海峡东北部的林迪斯芳岛的一个隐修院中完成的。对于中世纪的修士而言，抄写圣经手稿是敬拜上帝的方式。

五倍子

羽管笔使用的墨水中有鞣酸铁成分。这种物质是从长在橡树枝条上的五倍子中获得的。

尖笔

在作者开始写作之前，他们会为即将写在羊皮纸上的文字做一些准备。他们会使用这样的尖笔刻线。尖笔有一个金属笔尖，笔身由骨头制成。

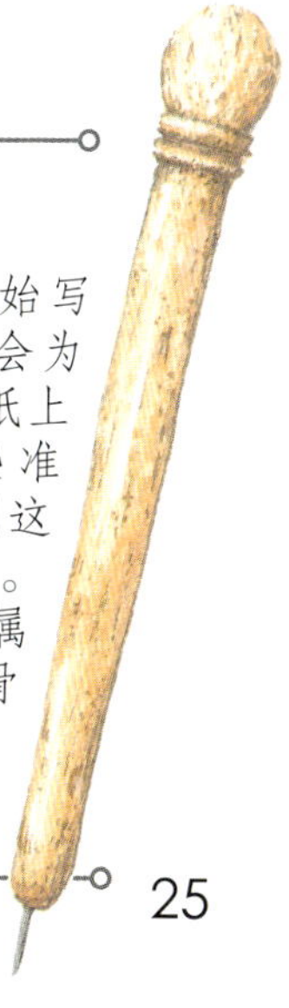

25

农民

中世纪最穷的就是农民,他们住在农村,种地。最穷的农民是农奴,他们根本没有自由,他们归庄园主所有。只要庄园主愿意,他可以把农奴送给或转卖给其他人。没有庄园主的允许,农奴不能教育他们的儿子,不能嫁女儿,也不能从他们居住的地方搬走。他们只能在庄园主允许的一小块土地上耕种自己的粮食。作为回报,他们需要上缴租金或者为庄园主工作,除了种自己的地,还要为庄园主种地。

农场的工作包括剪羊毛、除草、往马车上装干草、修理工具和采集蜂蜜,等等。

脱粒打谷

从农作物中把谷物(比如小麦)分离出来的过程被称为"脱粒打谷"。它是收获庄稼的最后一项工作。农场工人用一种叫连枷的工具击打农作物的茎秆,使谷物从外壳和稻草中分离出来。

食物

庄园主通常在收获的季节给他的农民们分粮食。

看这里

🐾 约翰·保尔

这张插画取自中世纪编年史,其中的人物是约翰·保尔,是1381年瓦特·泰勒起义的领导人物之一,他要为穷人谋取自由和正义。

🐾 庄园主的住宅

庄园主住在这种14世纪的大房子里,而他的农民要为庄园主全家人的粮食辛苦劳作,有时农民还要把自己的粮食和牲畜送给庄园主。

开放的土地

一个农民拥有几块土地，它们分散在两三块大块土地上，这些分散的土地不用栅栏与其他人的土地隔开。

农妇

农妇既要在田地里辛苦工作，又要照顾家庭和家人。

收割

收割庄稼是所有农民一起做的事。大家必须要最先收割庄园主的庄稼。

犁

人们先用犁翻土，为播种做好准备。这种犁由八头牛拉着。

稀有品种

英格兰和西班牙的大片土地用于饲养羊群。曾经在中世纪时期非常常见的一些羊的品种，比如莱斯特长毛羊（如图），如今已经非常稀少，只能在特殊的"稀有品种"农场中看到。

27

乡村生活

中世纪时期，大多数人都住在小村庄里，那里没有城镇，当地的教区教堂就是乡村生活的中心。

乡村生活每年都是一个模式：春天，农民犁地，播种庄稼，剪羊毛；夏天，除草，给庄稼施肥，制干草；秋天，收获；冬天，伐木准备燃料，还有许多其他的工作。

每个村庄或庄园几乎都能自给自足（自己制作需要的东西、耕种粮食）。当地的工匠有的制作耕犁，有的制作其他农用工具，比如铁匠制作的长柄大镰刀。

茅草屋顶

盖屋匠是给屋顶铺设茅草的手艺人。茅草屋顶是由成捆的芦苇铺成的。

家畜

农民与他们的家畜经常挤在一个小屋里。鸡在房椽上休息，农民有时会给奶牛盖一个牛棚。

看这里

每月的劳作

教堂的壁画上经常会有农民每月劳作的内容。这幅壁画就展示了一个男人在八月份背干草的情景。

森林场景

养猪是乡村生活的一个主要内容。秋天，人们通常用橡子和坚果把猪养肥。这张图片取自中世纪的祈祷书。祈祷书中总是有很多人们日常生活的场景。

风车

每个村庄都有自己的磨坊，在那里，把小麦磨成面粉。水车是最常见的，风车大约是在1150年从东方传到欧洲的。

小屋

村民自己盖小屋，小屋的横梁是木头的，用来支撑侧墙。窗户上没有玻璃，用的是木板，用来防寒、挡风。

神父

神父主持洗礼仪式，有时为村庄里的孩子教授知识，有时安葬死者，有时举行结婚典礼。

足枷

违反法律的人通常会被戴上足枷（一个套在脚上的木板），以此作为惩罚。过路的人向他们扔木棍、石头和腐烂的蔬菜。

牧羊人

这个大教堂的雕像是关于牧羊人和他们的绵羊的。在中世纪，西班牙以绵羊著称，到1360年，绵羊的数量已经达到100万只。

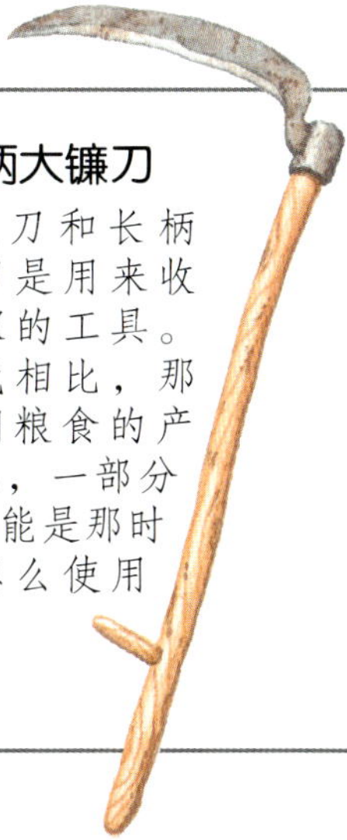

长柄大镰刀

镰刀和长柄大镰刀是用来收割庄稼的工具。和现代相比，那个时期粮食的产量很低，一部分原因可能是那时候不怎么使用化肥。

杀猪

祈祷书中这张乡村生活的图片描绘的是为了储备冬天的食物，人们杀猪的情景，这是秋天里既可怕又重要的工作。每年许多动物都是在这个时候被杀的。

29

城镇和工艺

从11世纪开始，城镇在欧洲许多地区发展起来。在那时，也有一些城镇才刚刚形成，如维勒纳夫城（法语意思是"新城镇"）就可以追溯到这一时期。

城镇里聚集了专业的商人和工匠，比如食品商、香料商、鞋匠、药剂师和金匠，等等。这些工匠加入了行会，行会来制定价格和薪水。行会也有社会责任，成员需要参加节日盛宴，参与宗教服务活动。在大城镇，同一类型的店铺要集中在一起，比如，在意大利的佛罗伦萨，金店全部都在一座名为维琪奥的桥上。

悬空隔板

由于土地非常昂贵，所以人们在城镇上建造了木质阁楼，这样上面一层可以比下面一层更宽敞，能够获得更多的空间。

建筑材料

大多数房屋是用木头和灰浆建造的。石屋很稀有，通常只有富人才能建得起石屋。

脏乱的街道

店户把垃圾扔在了街道上，比如残羹剩饭、碎屑、腐烂的蔬菜和其他垃圾。

看这里

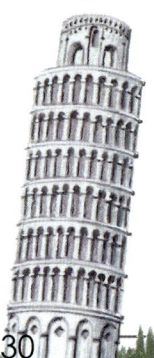

● 意大利城镇

意大利城镇是所有中世纪城镇中最富有、最著名的，镇民喜欢建造精美的房屋，来彰显他们城镇的尊贵。始建于1174年的意大利的比萨斜塔就是其中之一。

● 教堂窗户

行会经常出资制作教堂窗户，比如这扇教堂窗户的图案是一个服装商人。

● 城墙

从这个印章能看得出来，城镇四周有城墙保护。夜晚城镇的大门关闭，所以不会有人进出。

30

狭窄的房屋正面

临街的地段很昂贵，所以城镇上的房屋和店铺都是又深又窄的，面向街道的一端非常狭窄。

店铺标志

店家将店铺标志悬挂在店外，当作生意招牌，比如，裁缝会悬挂一把剪刀。

学徒

孩子们做学徒向师傅学艺，师傅教手艺并获得酬劳。

🔴 织布机

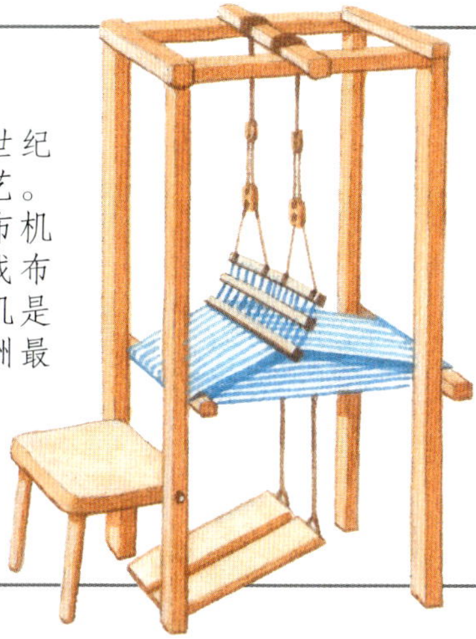

织布是中世纪一项重要的工艺。织工用这种织布机将羊毛纱线织成布料。这种织布机是在13世纪的欧洲最先使用的。

🔴 天平

金匠的工作是制作珠宝、上等餐具和其他珍贵的物品。他们的行会会使用这种天平来测量金子和珠宝的重量，严格管理金匠的制作工艺。

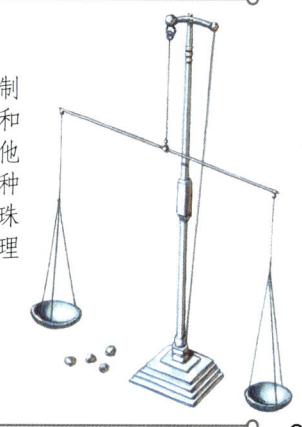

31

贸易

集市是远距离贸易的中心。来自全欧洲各地以及东方的商人聚集于此买卖商品货物。最著名的集市是每年在法国举行的香槟集市。那有12天的服装集市，8天的皮革集市，也会有其他货物的集市。

意大利也是重要的贸易国家，因为它处于连接欧洲、非洲和东方的重要地理位置。来自威尼斯的商人通过君士坦丁堡港（现在土耳其的伊斯坦布尔）与东罗马帝国做贸易。来自比萨和热那亚的商人与北非的穆斯林城市做贸易。

随着世界贸易的发展，银行业和会计行业也发展起来了。

批量购买

大户人家会让他们的仆人去集市上买回一整年需要的物品，如盐或者布料，这些东西在家附近是买不到的。

绵羊交易

有时需要将绵羊从很远的地方带到集市上。每年六月在法国的圣但尼举办的朗迪集市吸引着周围所有乡村的牧羊人。

看这里

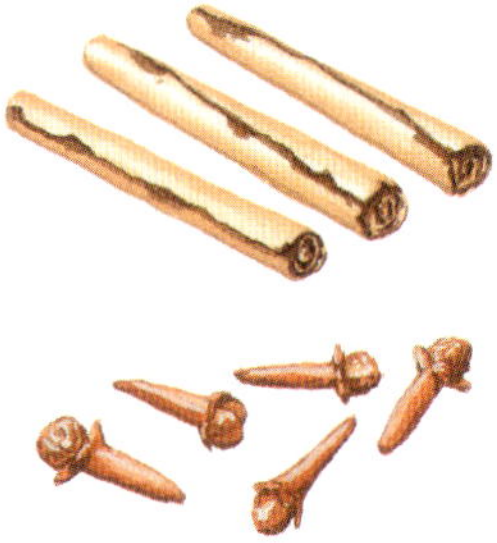

香料

辛辣的食物很受欢迎。人们从印度以及其他东方国家将香料（如图所示的肉桂棒和丁香）带到欧洲。香料贸易为那些做香料买卖的商人带来巨大的财富。

硬币

硬币是由银或者更稀有的金制成的。在意大利有一种名为弗罗林的金币，在法国也有一种金币。

天青石

对于画家而言，最美的蓝色来自天青石，正如图片上所展示的扇贝壳中的粉末。这种来自中亚矿山的宝石非常稀有，价格昂贵。

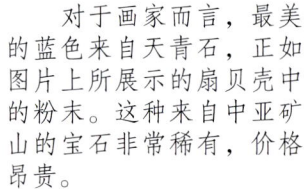

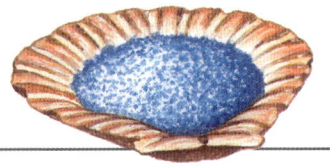

驮畜

商人们用骡子等驮畜和运货马车装载货物。他们结伴同行，防范强盗。

银行

银行随之兴起，以帮助来自不同国家的商人互相交易。

商人

商人的目的是赚钱，因此，许多人，尤其是贵族，认为经商不是一个值得尊敬的谋生方式。

● 商人的标记

商人们在把货物送到集市上出售之前，会在货物上做标记，以区别货物的主人。他们的标记通常被刻在戒指上（如图），按在熔化的蜡上，就可以用作印章。

● 丝绸

富人们穿这种丝绸质地的衣服。意大利城镇，比如佛罗伦萨、威尼斯和卢卡是织丝的中心。商人们也从巴格达（现位于伊拉克）购买织锦丝绸，从大马士革（现位于叙利亚）购买锦缎布料。

33

旅行和探索

几乎没有人到离家很远的地方旅行。欧洲之外的世界很神秘，比如传说中的蝎狮，拥有半马半狮的样子，还有男人般的声音。但是随着旅行家和商人越走越远，现实逐渐取代了幻想。

威尼斯商人马可·波罗（约1254—1324）因为他的游历而闻名于世，他曾远航至忽必烈统治时期的中国。比马可·波罗航行得更远的人是来自摩洛哥的伊本·拔图塔（1304—1377），他足迹几遍伊斯兰教各国，曾游历了中国以及东南亚和非洲的许多国家。

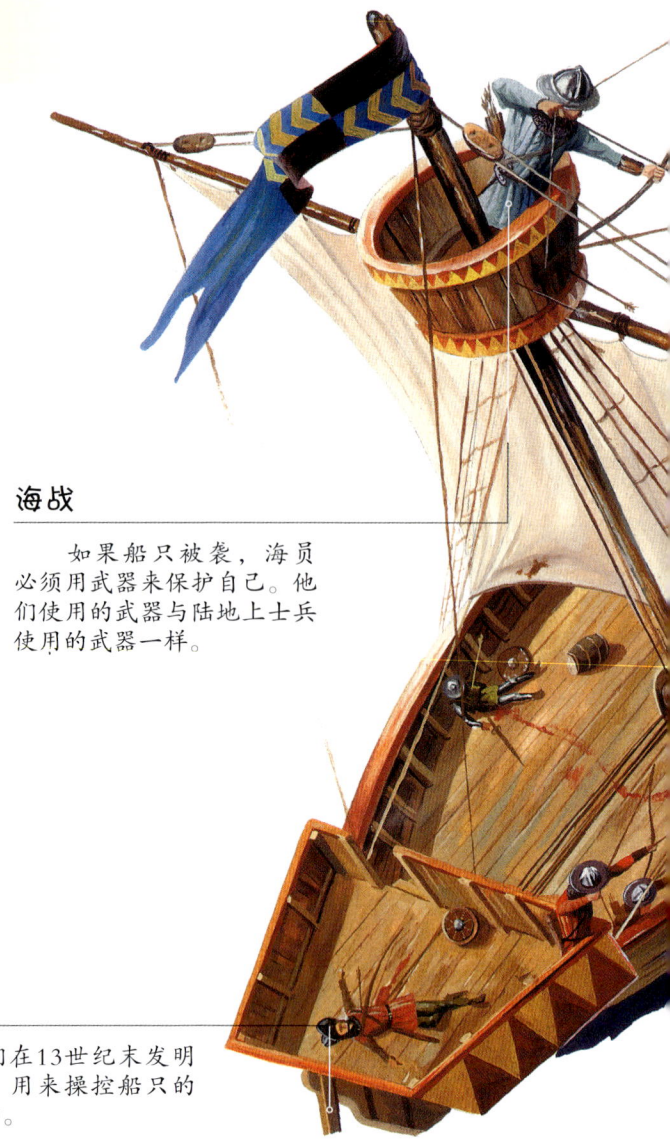

海战

如果船只被袭，海员必须用武器来保护自己。他们使用的武器与陆地上士兵使用的武器一样。

船舵

人们在13世纪末发明了船舵，用来操控船只的行驶方向。

看这里

星盘

航海员用星盘测量天体的高度来寻找方向。最好的星盘是由东方和西班牙的穆斯林制作的。

马车

许多中世纪的图片都展示了这种马车。农民驾驶马车，囚犯坐在马车里去往执行死刑的地方。

地图

这幅地图绘制于12世纪。制作地图的人认为世界是一个圆，并被分成了四个部分。

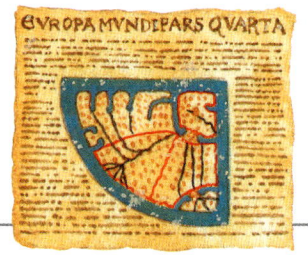

34

前甲板

前甲板是一个用来向敌方船只开火的平台。欧洲人是在十字军东征中从阿拉伯人那里获得的灵感。

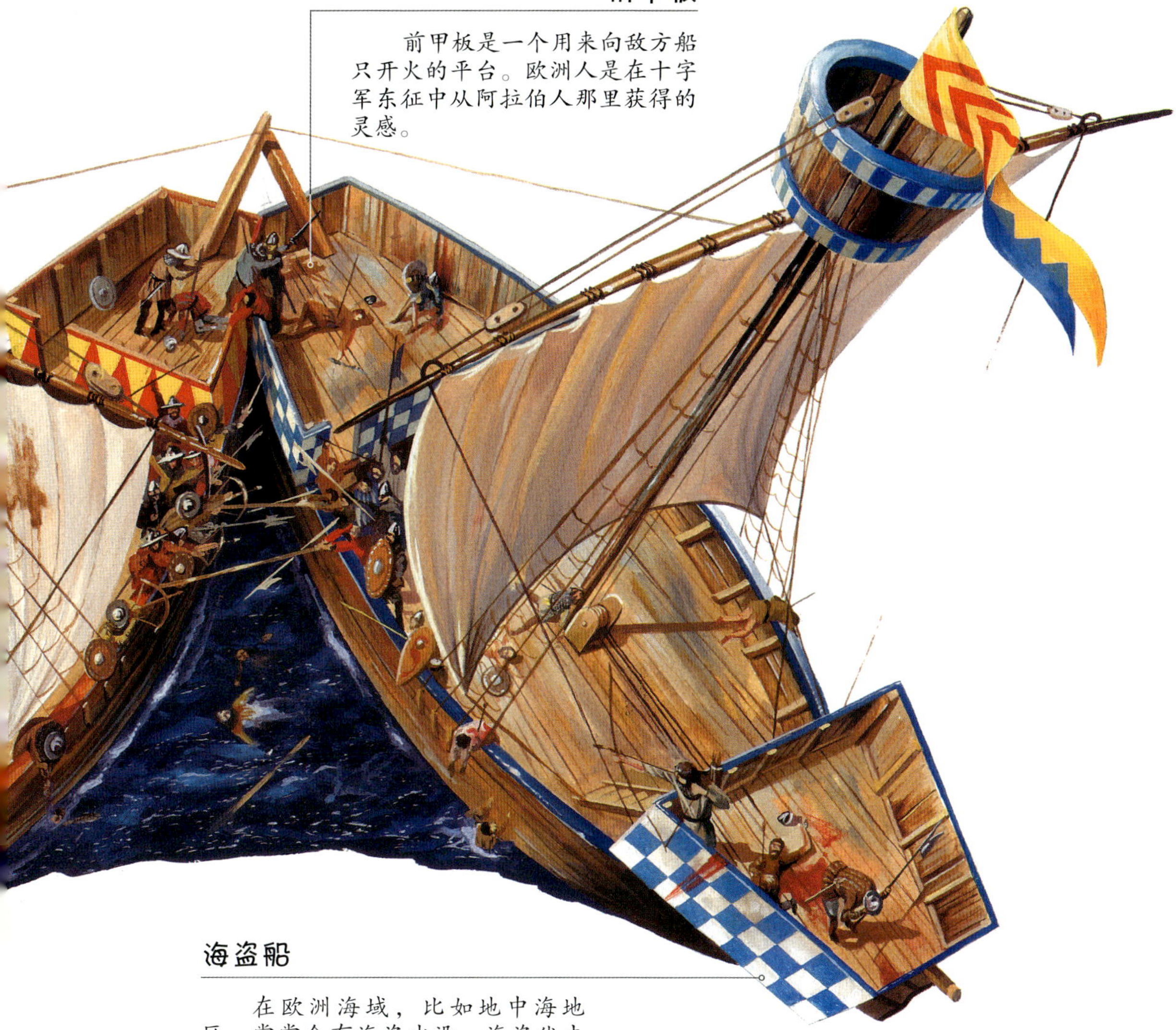

海盗船

在欧洲海域,比如地中海地区,常常会有海盗出没。海盗伏击商人的船只,抢走他们的货物。

🔴 轿子

从中世纪的手稿中可以看到这样的图片,贵妇人出门旅行的时候,是坐在两马间的轿子里的(如图)。贵族旅行的次数很多,因为他们要参观多处房产。他们的家人和仆人也会一起出行。

🔴 背篓

背篓由稻草或柳条制成。人们把背篓背在身后用来装载重物。直到现在,一些国家的人仍在使用背篓。

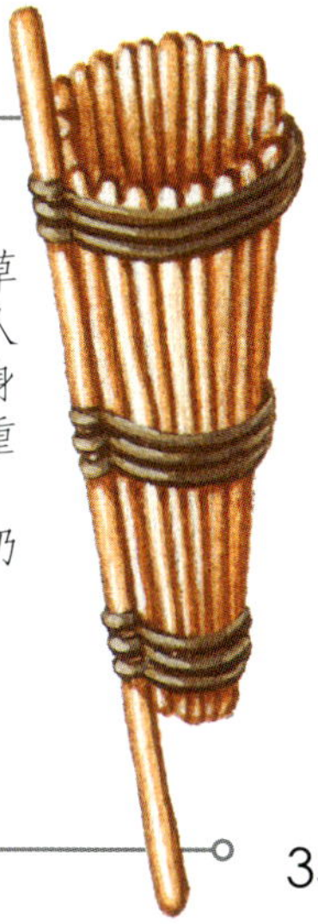

35

娱乐与宗教节日

英语单词"节日"一词来源于中世纪，意思是"神圣的日子"，是一个特殊的宗教节日。节日当天，人们要停止所有的工作。一年中有40—50天的宗教节日。每到宗教节日，人们要参加三次教堂服务活动，还要斋戒。但是也有许多其他的方式来度过这一天，比如，节日当天会有许多杂耍表演。在城镇，节日里有游行，还有关于圣经故事的戏剧，比如挪亚方舟。还有一些人喜欢用骰子赌博，也有人喜欢玩牌。

木偶剧表演

一些街头艺人（比如表演木偶剧的人）从一个地方走到另一个地方，他们在城堡、庄园、村庄和集市里表演。

 **看这里**

孔波斯特拉的圣詹姆斯

许多朝圣者在西班牙的孔波斯特拉的圣詹姆斯坟墓前祈祷。朝圣是宗教活动，这个时候，人们不需要工作。

朝圣者徽章

人们购买特殊的徽章以证明他们参与了朝圣，供奉了某一位圣人。图片上这个徽章是被判以碾轮死刑的圣凯瑟琳。

36

行吟诗人

行吟诗人是流浪的音乐家。他们唱歌、奏乐、讲故事，其中具有英雄主义与浪漫主义的骑士与贵妇人的故事是最受欢迎的题材。

跳舞熊

一些街头艺人带着会表演的动物旅行。他们训练狗熊跳舞，训练大猩猩翻跟斗。但是，一些娱乐项目也十分残忍，比如让狗和熊打架。

捕食鸟

贵族非常喜欢用像猎鹰一样的捕食鸟捕猎，这是贵族喜欢的一种娱乐方式。

棋子

国际象棋在贵族间很流行。人们往往为谁是赢家而打赌。

角笛

音乐和舞蹈是人们最喜爱的娱乐方式。角笛是一种特殊的乐器，它实际上是一根插进牛角中的木管。

家庭与家人

父亲是家庭中的中心人物，重要决定要由他来做，比如孩子的婚姻大事。贵族的儿子在大约七岁的时候被送出去，到其他贵族的家里做青年侍从，在那里他们学会顺从和使用武器。女孩学习刺绣、音乐，以及管理家务。女人几乎没有政治权力，但是也有例外，比如圣女贞德在百年战争中领导法国军队对战英国。

画壁

城堡的墙壁上一般绘有色彩斑斓的图案。

纺纱

即使在富裕家庭，女孩也要学习如何织布纺纱，这样她们才能做衣服。

婴儿学步车

这个雕刻表明那时的孩子也像现代的孩子一样，用婴儿学步车学习走路。

看这里

壁毯

富人在家中墙上挂上壁毯。图片上的这个壁毯展现的是一位贵妇人在打猎。这个壁毯大约是公元1420年在佛兰德斯的阿拉斯制成的。

衣柜

木质衣柜用来存储亚麻制品、布料、壁毯、珠宝和其他物品。与贵族全家出游时装随身物品的箱子相比，衣柜的容积是它的两倍。

火

不是所有房间都暖和，温暖的房间里会长时间地点着炉火。

浴盆

将大木桶一分两半，就是一个很好的浴盆。人们用水壶往浴盆里注满热水。

草地板

地板上铺盖着灯芯草和牧草。

🔴 连帽斗篷

连帽斗篷像披肩一样披在肩上，其他部分像头巾一样盖在头上。连帽斗篷一直被用到公元1500年。

🔴 抹灰篱笆墙

抹灰篱笆墙是一种廉价的建筑材料。篱笆是编织的枝条。抹灰是混有稻草的泥浆。

🔴 烛台

烛台有一根很长的长钉用以固定蜡烛。人们用蜡烛点亮教堂和富人的房屋。

39

食物及饮品

穷人主要吃蔬菜，比如豆子、卷心菜、由燕麦或大麦做成的粗面包、鸡蛋、奶酪和培根，喝的是牛奶或麦芽酒。富人有更多样化的菜谱。打猎为他们的餐桌提供了肉类，尤其是野味（鹿肉）。他们吃白面包，喝葡萄酒，用香料和酱汁。对于富人而言，宴会是重要的社交场合。骑士的儿子在餐桌边服务，为宾客切肉、倒水洗手。

一些人写了关于餐桌礼仪的书，他们建议在吃饭的过程中，不要用手抓、不要把肘部放在桌子上，也不要剔牙。

葡萄酒

最好的葡萄酒产自法国和意大利。人们用木桶存储和运输葡萄酒。但是在长途运输的时候，葡萄酒会有变酸的风险。

看这里

鱼

人们可以食用各种各样的鱼，如鳗鱼、鲱鱼等，鲸鱼肉也不例外。教会规定，在大斋日及其他宗教节日中，人们在周五只能吃鱼，不能吃肉。

匕首

匕首是非常珍贵的物品。男人通常在打猎的时候在腰间别一把匕首，吃饭的时候也会使用。这里展示出的匕首都太过华美，不适合打猎，更适合在餐桌上使用。公元1400年左右人们开始使用叉子。

用铁叉烹饪

大户人家将肉穿在铁叉上烤或者把肉切碎放在大锅里煮。烹饪过程中，人们慢慢地转着铁叉。

保存食物

保存食物的方法有很多。鱼可以晒干，肉可以腌制，火腿可以在火边用烟熏。

洗涤

人们从井里打水，再把水拿进室内使用。金属杯子和盘子要放在水里煮，还要用布擦干净。

🐾 水罐

客人们会用由精美水罐装着的带有香味的水洗手。这是中世纪仿鸟兽形状的水罐。

🐾 蜂房

人们通常用蜂蜜，而不是蔗糖，作为主要的甜味剂，所以蜂房随处可见。这个蜂房是由稻草做的，当然也有用木头做的蜂箱。许多中世纪的手稿上都画有蜂房和蜂箱。

🐾 花园农作

花园不再仅供娱乐观赏，人们在花园里种植水果、蔬菜、坚果、草药和鲜花，作为食物和药物的原材料。

41

变迁及发现

中世纪时期并不终止于具体的某一天，而是结束于15世纪人们的思想观念（特指宗教思想）转变的进程中。许多新发明相继涌现，例如火药和加农炮。这些新发明让城堡难以防守，而马背上的骑士也难以发挥自己的优势。自公元1347年起，可怕的瘟疫肆虐欧洲大陆，杀死了近三分之一的百姓。干农活的人越来越少，农民向地主提出的工作条件也越来越高。迪亚士（约1450—1500）和哥伦布（约1451—1506）等探险家为欧洲人发现了新大陆，拓展了人们对世界的认知。这所有的一切都意味着中世纪封建的生活方式正在逐渐消失。

城墙上的弹坑

自从发明并使用加农炮以后，城堡便无法起到坚固的防御作用了，加农炮会损坏墙壁，在墙壁上留下弹坑。

看这里

印刷机

谷登堡约在1445年发明铅活字印刷，并在欧洲得到了广泛的应用。人们可以不必用手写书了。

逼真的艺术品

这尊雕像由雕塑家委罗基奥创作，以死于公元1476年的伟大的意大利战士克莱奥尼为原型。这尊雕塑很好地展现了公元1400年左右刚刚发展起来的逼真的艺术风格。

42

火 药

火药起源于中国，1250年第一次在欧洲使用。它由硫黄、木炭、硝石制成。最开始使用火药的武器并不怎么见效。

破城锤

人们在使用新发明的加农炮的同时，还继续使用像破城锤这种古老的作战器械。

加农炮

公元1320年后，人们开始使用不同尺寸的加农炮弹，最开始是使用石质炮弹，后来使用金属炮弹。

轻快帆船

15世纪时，西班牙和葡萄牙的水手为横渡波涛汹涌的大海发明了这种轻快帆船。

瘟疫肆虐

人们非常害怕瘟疫。如下面的木版画中所示，感染瘟疫的人可能会被弓箭射死。

遗骨

在中世纪时期，人们通常会围着圣人的遗骨进行祈祷。这些圣物箱（装有圣人尸骨的容器）同时也承载着圣人的圣思。然而随着人们观念的变化，有些遗骨和圣物箱会被毁掉。

大事年表

476年
西罗马最后一位皇帝下台。

622年
穆罕默德率信徒迁往麦地那，联合当地人建立政教合一的政权。

800年
法兰克王国加洛林王朝查理称帝。

1066年
来自诺曼底的威廉在哈斯丁战役中击败了哈罗德国王，成为了英格兰国王。

1096年
第一次十字军东征开始于此时，并一直持续到1291年。

公元476年　　公元700年　　公元900年　　公元1090年

597年
圣人奥古斯汀将基督教传播到英国。

700年
《林迪斯芳福音书》问世。

835年
来自斯堪的纳维亚半岛的维京人入侵北欧。

1086年
威廉姆国王的《末日审判书》问世，这是对英格兰国土的一次伟大的测量。

1150年
哥特式建筑逐渐风靡，欧洲开始出现风车技术。

参考书目

Bingham, Jane, *Medieval World* (Usborne Internet-linked World History), Usborne Publishing, 2012.
Deary, Terry, *Measly Middle Ages* (Horrible Histories), Scholastic, 2007.
Hibbert, Clare, *Terrible Tales of the Middle Ages* (Monstrous Myths), Franklin Watts, 2014.
Jones, Lloyd Rob, *The Middle Ages* (See Inside), Usborne Publishing, 2009.
Macdonald, Fiona, *You Wouldn't Want to Be a Medieval Knight!* (The Danger Zone), Salariya Book Company, 2014.
Medieval Life (DK Eyewitness), Dorling Kindersley, 2011.
Powell, Jillian, *The Middle Ages* (The Gruesome Truth About), Wayland, 2012.
The Middle Ages 1154–1485 (British History), Kingfisher Books, 2007.
Walker, Jane, *Knights & Castles* (100 Facts), Miles Kelly, 2010.
Wheatley, Abigail, *The Middle Ages* (Usborne History of Britain), Usborne Publishing, 2013.

1215年
英王约翰（无地王）签署《大宪章》，主要精神是限制王权。

1325年
伊本·拔图塔起程去往中国、东南亚和非洲。

1347—1353年
黑死病（一种瘟疫）横扫欧洲大陆。

1415年
英王亨利五世在阿金库尔战役中击败法国。

1445年
德国发明家谷登堡发明铅活字印刷。

元1270年　　公元1325年　　　　公元1400年　　　　公元1440年　　　　公元1460年

1271年
马可波罗开始了他探索亚洲的旅程。

1337—1453年
英法百年战争。

1381年
英格兰农民揭竿农民起义。

1431年
法国领袖圣女贞德被英国人处死。

1453年
奥斯曼帝国占领土耳其的君士坦丁堡（现在的伊斯坦布尔）。

参考网站

www.bbc.co.uk/bitesize/ks3/history/middle_ages/

www.bbc.co.uk/history/british/middle_ages/

Medievaleurope.mrdonn.org/

浏览网站注意事项：
　　出版方已经尽力确保上述所列网站适合孩子浏览。然而，由于网站地址和内容多变，还是建议孩子在大人陪伴下浏览。

词汇表

红色的词在书中有更多的参考内容

B

本笃会修士（修女） 遵循本笃提出的生活方式的修士（修女）。

壁毯 富人家里挂在墙上的用来御寒、防风的装饰性的大型编织品。

编年史 生活在某一时期的人记录下的历史事件。

C

彩色稿本 手写文稿，配有漂亮的彩色插图。

朝圣 去教堂或圣人圣坛的一段旅程。

朝圣者 朝圣的人。

城堡 军事要塞，也是国王、贵族和骑士的居住地。

传教士 基督教会派出去传教的人。

D

大教堂 在某一地区内最重要的教堂。

东罗马帝国 公元476年，西罗马帝国灭亡，东罗马帝国（它的首都是君士坦丁堡，即今天的伊斯坦布尔）继续存在。

佃农 从他人手中租种土地的人。

F

封臣 那些接受国王土地并承诺拥护国王的人。

封建制度 一种社会制度，在这种制度下，土地拥有者可以掌控住在土地之上的人。

服装商 卖衣服的人。

福音书 《圣经》中讲述耶稣基督的部分。

G

高塔 大型石塔，是城堡的一部分。

哥特建筑 欧洲中世纪的建筑风格。

贵族 既富有又地位高的人。

H

行会 手工艺者或商人组成的团体。

J

基督徒 相信耶稣是上帝之子的信徒。

加尔都西会的修士（修女） 独居且生活寂静的修士（修女）。该天主教修道会开始于11世纪末。

金匠 制作金饰和珠宝的手工艺者。

L

拉丁语 中世纪的教堂服务活动、《圣经》和文件使用的语言。

领主 有权力管理他人的地位高的人。

罗马风建筑 大约在公元900年后，教堂的建筑风格。

M

穆斯林 信仰伊斯兰教的人。

N

念珠 祈祷串珠。

农民 靠种地为生的穷人。

诺曼人 北欧的古代民族。诺曼人在1066年征服英格兰。

Q

骑士 骑在马背上打仗的地位较高的士兵。

骑士联赛 骑士间举行的竞赛。骑士联赛非常受欢迎，许多贵妇人前来观看。

S

撒克逊人 在诺曼人征服英格兰时期，住在英格兰的民族。

神父 管理当地教堂，主持宗教服务活动，并向当地人民传布上帝信仰的人。

神龛 保存圣物的神圣的地方。

圣杯 基督徒在宗教活动中使用的具有特殊作用的杯子。

圣地 神圣的地方。常是宗教传说中的重要纪念地。

圣人 被许多人认为能创造奇迹的神圣之人。

圣物 曾属于圣人的物品。它可能是衣服、头发、骨头或者牙齿。

圣物箱 保存圣物的特殊的容器。

T

秃顶 修士的常用发型。

X

西多会修士(修女) 始于11世纪末，一些希望比本笃会修士（修女）过更简单生活的修士（修女）。

星盘 研究天体星象和在海上绘制航线的工具。

修士 在隐修院生活，并发誓为上帝服务的人。

修女 与其他修女住在一起，发誓一生为上帝服务的女人。

学徒 向手艺师傅学艺的孩子。

Y

药材商 将药草和其他材料混合在一起制成药品进行买卖的人。

依法占有 拥有一块土地。

隐修院院长 掌管隐修院的修士。

Z

造船工人 造船的人。

主教 一个地区的最高级教堂领袖。他所在的教堂称为"大教堂"。

庄园 骑士或贵族拥有的位于乡村的大型农场。

庄园主 拥有庄园的人。

足枷 戴在囚犯脚上的木板。过路的人可以向囚犯身上扔东西。

索引

A
阿拉伯人 8,18,35
盎格鲁人 8
奥古斯丁 13

B
巴约壁毯 18
百年战争 18,19,38
包围战 18
宝藏 9
保存食物 41
背篓 35
本笃会 20
匕首 40
壁毯 22,38
捕食鸟 37

C
藏经楼 24
查理大帝 11
长柄大镰刀 29
长弓手 18
长矛 15,18,19
朝圣 36
趁乱打劫 19
城堡 6,16—17,18,36,38,42
城寨城堡 16
城镇 6,18,28,30—31,36
传教士 12,13
村庄 6,28,36

D
大教堂 6,22,23,24
大宪章 11
大学 24
地图 34
佃农 10,11
盾墙 19

E
厄德 19

F
法庭 10
纺纱 38
封臣 10,11
封建制度 10—11
蜂房 41

G
哥特建筑 23
弓箭手 18

工艺 30—31
贵族 6,9,11,16,22,24,35,38
国际象棋 37
国王 9,10,11,16,22

H
哈罗德国王 19
哈斯丁战役 18,19
海盗船 35
忽必烈 34
黄铜 15
徽章 36
回廊 21
会表演的动物 37
火药 42,43

J
基督教 12,13
集市 32,36
加尔都西会 20
家庭 38—39
家畜 28
家人 38—39
尖笔 25
建筑 22—23
剑 14,15
交易 32—33
教堂 21,22,24,28,39

K
铠甲 15,19
客房 20

L
狼牙棒 18,19
连枷 26
连帽斗篷 39
镰刀 29
林迪斯芳 25
罗马人 8
罗马风建筑 23
旅行 34—35
黄铜 15
徽章 36
会表演的动物 37
火药 42,43

M
马镫 19
马可·波罗 34
马札尔人 8
茅草屋顶 28

抹灰篱笆墙 39
末日审判书 10
穆斯林 12,13,34

N
念珠 13，21
农民 6,10,26,27
农奴 26
弩 17
女人 38
诺曼人 10,18

P
抛石机 16
烹饪 41
拼接图案 8
破城锤 43
葡萄酒 40

Q
祈祷书 28,29
骑兵 19
骑士 14,15,16,40,42
骑士联赛 14
骑士信条 18
旗帜 18
前体建筑 17
侵略 8
轻快帆船 43

S
撒克逊人 8,18
杀人孔 17
杀猪 29
商人 24,32,33,34
商人的标记 33
神父 24,29
神龛 22
神圣的日子 36
圣杯 20,22
圣地 12
圣经 13,22,24,36
圣女贞德 38
圣物箱 22,43
圣像 12
十字军东征 12,18,35
石匠的标记 23
食堂 21
食物与饮品 40—41
士兵 8,14,18
手稿 24,25
手推车 22

书籍 25
水罐 41
丝绸 33
宿舍 21
锁子甲 14

T
探索 34—35
探险 42
天平 31
天青石 32
铁蒺藜 17
铁匠 28
头盔 8,18
秃顶 20

W
汪达尔人 8
王座 10
威廉一世〔征服者〕10,19
维京人 8
瘟疫 42
纹章 15

X
西多会 20
稀有品种 27
洗涤 41
宪章 24
乡村生活 28—29
香料 32
星盘 34
行吟诗人 37
修士 13,20,21,24,25
修女 20,21
靴刺 14
学徒 31
学问 24—25
学校 24

Y
研钵及研杵 20
羊皮纸 25
耶灵石 13
野蛮人 8
伊本·拔图塔 34
伊斯兰教 12
医学 24
衣柜 38
依法占有 11
艺术 22—23,42
议会 9

异教 12,13
音乐 37,38
银行 32
隐修院 20,21,24
隐修院的生活 20—21
隐修院院长 21,24
硬币 32
犹太教 12
鱼 40
娱乐 36—37
羽管笔 24,25
约翰·保尔 26

Z
杂耍表演 36
造船 9
造船工 8
斋戒 36
战斧 18
战马 14,18
战争 18—19
织布机 31
朱特人 8
烛台 39
主教 24
庄园主 11,26
宗教 12—13,42
足枷 29

48